जिंदगी एक तलाश

BOOKS CLINIC

India's Fastest Growing Self Publishing House

Booksclinic Publishing

-------------------------**Contact Us At**-----------------------

Call or Whatapp @ 8965949968 or Mail

@ publish@booksclinic.com

Website: - **www.booksclinic.com**

B.D. Complex, Near Tifra Over Bridge, Bilaspur, Chhattisgarh, India, 495001

Publisher: Booksclinic Publishing

Edition: First

ISBN: 978-93-90871-25-4

Genre: Poetry

जिंदगी एक तलाश

दयानंद सिंह विरल

स्वर्गिया माँ फूलबदना देवी को समर्पित

आमुख

मनुष्य जिन परिस्थितियों में पला बढ़ा होता है , भावनाएं उसी का प्रतिबिंब मात्र होती हैं। भौतिक सफलताएँ उस पर परतें तो जमा सकती हैं परंतु गाहे विगाहे उसे झाड़कर ये अपने मूल रूप में पुनः सामने आ खड़ी होती हैं। यही भावनाएं जब जब मेरे सामने खड़ी हुईं , मैंने कोरे कागज पर उन्हें उकेरने की कोशिश की है।

आशा हैं, आप प्रिय पाठकगण इसे जरूर पसंद करेंगे।

दयानन्द सिंह विरल

अनुक्रमणिका

क्र.	कविताएँ	पृष्ठ
1.	पूर्व क्षितिज पर छिटकती है जब लालिमा	1
2.	जीने की इस घड़ी में ऐ बसर तूने ये क्या किया	2
3.	आँधी उठी है उस पार	3
4.	बुहान से बहा कोरोना बयार	4
5.	कोई तो मिले	6
6.	जिंदगी बस यों ही जीते गया	8
7.	जब मिला था गेसू से पहली बार	9
8.	किसी मुफलिस की रोटी	11
9.	देखा था सावन की स्याह रात में	13
10.	उस शहर में निकला मैं	14
11.	माँ तेरे मैले आँचल में	16
12.	सावन की फुहार में	18
13.	जिंदगी की आश में	19
14.	अधित्यका पर निस्तब्ध निर्जन वन में	21
15.	कुछ पाना है तो कुछ खोना होगा।	22
16.	सोचा नहीं था कभी	23
17.	याद जिनकी सुखी नदी मे बहती क्षिड़ धारा थी।	24
18.	चला था दुनिया में अकेला	25
19.	करवटें बदलती रहीं	26
20.	गाँव के बाहर	27
21.	आजाद भारत में	28
22.	नाक नक्श है सुंदर	29
23.	जात पात की सुरीली बंशी	30
24.	मानव कहता	32
25.	भारत कोई देश नहीं	34
26.	भोली जनता भली जनता	35

27.	मंदिर,मस्जिद और गिरिजाघर।	36
28.	है यह अवनी कितना सुन्दर	37
29.	नारी हो,करते लोग नमन तुम्हारी	38
30.	हो चला था रवि	39
31.	दुनियाँ की यही रीति रही	41
32.	खुशनसीब हैं ओ	43
33.	ऊषा की रक्तिम किरणें	44
34.	समय बस एक धारा है	45
35.	तंत्र मंत्र का तंत्र है यह	46
36.	जिंदगी देनेवाले ने जिंदगी तो दी	48
37.	मन मेरा थका थका सा है।	49
38.	दीनता हीनता की हवा है	50
39.	दिल कुछ कहता है	51
40.	चौराहे पर खड़ा हूं	53
41.	जिन्दगी की राह में	54
42.	लोग मिले	55
43.	चली थी बूंद बादल से	56
44.	रूठी जिंदगी	57
45.	है यह अजीब सी दुनिया	58
46.	दिल चला	59
47.	धन्य हो शाहिन बाग	60
48.	ऐ दिल्ली वालों	61
49.	देखा है हमने	63
50.	आओ बैठो	65
51.	चलता हूँ चलता रहूँगा	67
52.	शैल शिखर पर बैठा मानव	69
53.	पटना में है एक सगुना गोलंबर	70
54.	जिंदगी कितनी निष्ठुर है	71
55.	जिंदगी है भूलने का नाम	72
56.	खुशनशीब हैं ओ जिंदगी जिनकी	73

57. कलमुही कोयलिया कूकी 74
58. शहर गाँव व कस्बों की गलियों ने 76
59. रजनी की काली चादर ओढ़ 77
60. निरभ्र आसमां सो रहा था 78

1

पूर्व क्षितिज पर छिटकती है जब लालिमा
छँट जाती है दिग्दिगन्त की कालिमा।
सन सन चलती हवा गाते गीत पक्षी प्रीत का
कल कल करतीं नदियाँ सन्देश सुनाती जीवन का।
खेतों में फैली है गन्दम की हरियाली
झूम रही है फूलों से सजी सरसो की डाली।
जीवन के सरगम में खोलेगीं आँखें कलियाँ
मृत्यु के पन्नो पर लिखेंगी कहानी अपनी बलियाँ।

2

जीने की इस घड़ी में ऐ बसर तूने ये क्या किया
कंकड़ पत्थर चून चून सिर पर ईमारत खड़ा किया।
नील गगन में उड़ता बादल डोलती पेंड़ों की डालियां
झूमते पत्तों से सूनो जीवन की कहानियां।
तृण तृण पर बिखरे हैं ओस के मोती
प्यास बूझाने को फिर भी जड़ क्यों रोती।
भोर भोर में खुली हवाओं ने तुझे बुलाया है
ऊँची ईमारतों ने मगर कब्र में सुलाया है।
बागों में झूमते फूल करते हैं आसमां से बात
करवटें बदलने से कटती नहीं है कब्र में रात।
कल कल करती नदियों को बाँध तूने बहुत इठलाया है
तड़पते जीवन को छोड़ मौत गले लगाया है।
क्षितिज पर खेलती लालिमा हँस हँस तुझे बुलाती है
तोड़ दो इन ऊँची कब्रों को जो तुझे इतना रुलाती हैं।

3

आँधी उठी है उस पार
देखो जरा आँखें उठा।
गिरती हैं ईमारतें
बन तिनके कैसे
उदास खड़ी है जिंदगी
देखती है डूबते को जैसे।
धूल उड़ी
आसमां है गर्दिश में
आशा पड़ी है हमदम की बंदिश में।
बिखर गई हँसते बागों में पंखुड़ियां
टूट गई सोहागन की चूड़ियां।
उड़ चली पंछी उस ओर
बेगाना है जो
अरमानों की इस दुनिया में बहते आंसू
सींच न पाते बंजर जीवन है जो।

4

बुहान से बहा कोरोना बयार
भोर में हुई दुनिया बेकरार।
चाँद पर टहलता इंसान
करता था कितना गुमान।
शान्त हवा की झोंकों में चली जब
अदृश्य दुश्मन की तलवार
लाशों पर लाशें लेटीं
कब्रें भी रोई होकर शर्मसार।
अमीर गरीब की लाशों में
रहा न कोई भेद
कफन बिन दफन हुए सब
जता न सकी दुनिया कोई खेद।
शव पर शव रोया
जीवन से जीवन भागा अति दूर
जीने मरने की कसमें खाता
टूटा झूठा प्रेम का गुरुर।
कोरोना की क्रूर हँसी में तैर रहा था
जीवन सड़कों पर बन सैलाब
नाप दिया नन्हें कदमों ने सीमाओं को
देगा क्या कोई कुकृत्य इसका जबाब।
घर रोया मरघट रोया
रोई दुनिया सारी
चुप खड़ी थी धरती माता

हृदय में लिए पीड़ा अति भारी।
मानव में बैठा दानव जागा है जब जब
शून्य गगन की इस सृष्टी में
मचा है मृत्यु ताण्डव तब तब।
बच्चों की तोतली बोली मे निहित है भविष्य तुम्हारा
ला न सके मधुर हँसी उन होंठों पर अगर
मिल जाएगा मिट्टी में ये सुकृत्य सारा।

5

कोई तो मिले
पुछूं मैं जिससे
जाना कहाँ है
जानूं मैं कैसे?
सुना है बसर
जाता है हर रास्ता
मंजिल की ओर
थक चुका हूं मेरे भाई
लगा चुका हूं हर जोर।
मंजिल बनी मजार
ऐ रास्ता तू बता
जाऊं मैं कैसे कहां
जरा सोच तू जता।
सोचता हूं जो
होता नहीं है ओ
तय न हो सकी
प्रयास की दिशा कहो।
भागता हूं धुँध में
खो जाते हैं रास्ते
पेट की धधकती आग में
बिसर जाते हैं मंजिल के वास्ते।
तरल तिमिर में
ईच्छा गई नहीं

मरने के बाद भी
आसरा रह गई यहीं।

6

जिंदगी बस यों ही जीते गया
खुशी मिली ना मिली
गम के साये में चलता गया।
पैरों में छाले पड़ते रहे
आँखों से आँसू छलकते रहे
ठंढ हवा की झोंकों में
खोए बसंत खोजते रहे।
कभी गिरा फिर उठा
पगडंडियों को साधता रहा
धूल धूसरित बदन लिए
उजाला देख बढ़ता गया।
दुख के कराल सागर में
पीड़ा है वह नीला पानी
डूबकर निकला कंचन अगर उससे
होगा क्या ?कोई रत्न उसका सानी।
बढ़ता रहा नंगा पाँव उस पार
जहाँ से आता टकरा जीर्ण प्रकाश
चूमा चौखट मंजिल का
जग उठी फिर से जीने की आश।

7

जब मिला था गेसू से पहली बार
मुस्कुराकर कर रही थी परिचित से बात।
अजनबी अचानक वह पहुंचा जब
आँखें से आँखें मिली
हो गयीं अब चार
पलकें भी क्या चीज हैं
छुपा लेतीं हैं दिल की बात।
कोई समझे कुछ
उसके पहले ही झूक जाती हैं
देने लगती हैं पैरों के अंगूठे से
प्यार की भारी सौगात।
दिल की धड़कन सुन लेती हैं
झूकी नम आँखें
रुखसत होकर भी
रुह रहता है अनुनादित
फड़कने लगती है पिंजरे में बन्द
प्रेम पंछी की पाँखें।
दुनिया के इस मेले में
जुड़ते हैं लोग ऐसे हीं
कुछ मन मसोस कर रह जाते हैं
कुछ मदहोश होकर

मजनूं बन जाते हैं
कब्रें दोनों की हैं यहाँ
कुछ ऐसे तो कुछ वैसे हीं।

8

किसी मुफलिस की रोटी
ईश्वर प्रदत्त प्रसाद है।
मत छीन उसे तुम
नहीं तो वह अवसाद है।
जब इन्सान हाथ पसारे
पीठ में धँसा पेट दिखाए।
पसीज सको तो पसीज
समझ नहीं तो हो तुम
निरे हैवानियत के न्यारे।
प्रेम का दीया जलता है
अंधेरी झोपड़ियों में।
सुबकन होती है जिसके लिए
शहर की ऊँची अटारियों में।
कौन कहता है
इन्सनियत भटकती है गलियों में।
द्रुमदल पर झूमती है वह
मुफलिसी के बागों में।
निराशा में मुर्झाया मुखमंडल
पसीने से लथपथ उलझे बाल।
सूखी रोटी की होती छीना झपटी
दिग् दिगन्त में श्वानों से
थकी जिन्दगी चाहती अब मृत्यु कराल।
भूलना मत ऐ दुनियावालों

चली गई मुफलिसी अगर
खाली हाथ तेरे द्वार से।
छुपा न सकोगे वह रुसवाईयत
मिलेगी जो तुझे इस कायनात से।

9

देखा था सावन की स्याह रात में
आसमां सो रहा था ओढ़े काली चादर।
सहज समीर की झोंकों में बह रही थी
दुग्ध धवल सी धारा
दूर किनारे चमक रहा था
सपनों का एक सुन्दर तारा।
सोच रहा था पकड़ उसे भर लूँ अपनी झोली में
कहीं से उड़ता आया बादल टुकड़ा आवारा
नम आंखों के सामने खो गया सपना सारा।
शक्तिहीन शरीर सम्भल न पाया जब
भाल पकड़ बैठा ठस लिया झूरमूठ का सहारा।
पलभर में उमड़ उठा दक्षिण दिशा से गहरा बादर
चंचल चपला की चमक में खड़ा रहा मैं भाग्य का मारा।
खुला है क्या कभी दैव का दरबार किसी दीन के लिए
छोड़ दिया है सदा अपने रहमोकरम पर जिए या मरे
हे मातृभूमि! तुम्हीं ने जन्माया तुम्हीं ने पाला
मैं क्या जानूँ उस दैव को जो मानूँ मैं उससे हारा।

10

उस शहर में निकला मैं
जो अन्जाना था
सोचा नहीं
अजनबियों की इस दुनियां में
मिल जाएगा कोई अपना
जो बेगाना था।
जीवन देनेवाले ने
बिठा दिया उस कश्ती पर
जिसमें कोई पतवार नहीं था।
तूफानों से लड़ना था
मगर कोई खेवनहार नहीं था।
नजर उठाकर देखा वह सागर
चूम रहा था अम्बर जिसको क्षितिज पर।
दिखा नहीं किनारा जब
पूछा मैंने लहरों से
कहाँ ले जा रही हो मेरी कश्ती को ।
कह दो जरा डुबते इस जीवन से
बेगानों की इस दुनिया में
खोजता रहूं अपनों को
जीवन का मतलब गर यही है
डूब जाने दो मेरी कश्ती को
मिट जाने दो इस हस्ती को।
जहाँ निरन्तर प्यार नहीं

मरना उस जीवन से अच्छा है
जिसका कोई सार नहीं।

11

माँ तेरे मैले आँचल में
यह दूध की खुशबू कैसी ?
सूखे स्तन से फूट पड़ी है
यह मृदुल पियूष की धारा कैसी ?
धंसी हुई गमगीन आँखों में तेरी
डूब गए थे सपने सारे
फिर क्या हुआ इन सूखे होंठो को
मुस्कुराने लगे देख चेहरे मेरे।
कहीं भूल तो नहीं गई तुम
इस बदसूरत दुनिया को
दिया घाव सिर्फ जिसने
तेरी बदनसीब सीरत को।
अब मैं अपने पैरों पर चल सकता हूँ
बोलो तो तेरे लिए क्या कर सकता हूँ ?
छोड़ो चूमना अब इन कोमल हाथों को
जाना होगा मुझे उस रणभूमि में
विजय मिलती है जहाँ फौलादी हाथों को।
तनय तुम इस विजय श्री को क्या कहोगे
मिलता है जो विधवा विलाप से
एक दुखियारी का रोना ठीक है
हजार दुखियारी के रोने से।
माँ मगर दुनिया तो यह नहीं मानती
बन्दे मातरम है उसका अलग अलग

अजीब सी पहेली है यह
अर्थ भी है विलग विलग।
समझूं क्या मैं तुम ठीक हो
या कि इस दुनिया के मेले में
अकेली तुम बेवकूफ हो।
अनंत घावों से बहता पीब देख
इन आँखों में शोला फटता है
सफेद कुत्सित पामर देख
फकीरा खून के आँसू रोता है।

12

सावन की फुहार में
बीते लम्हों की याद आई है।
पलकों में छुपी खुशियों की
बहार आई है।
अम्बर में बादल जब छाता है
तेरे भींगे बालों में चाँद उतर आता है।
भूलूँ कैसे उस सावन को
टोप घटाओं में जो चाँद दिखा गया।
हरी भरी अवनी के आँचल में
बंक होठों का हाला जो पीला गया।
उस रब को मैं क्या कहूँ
प्यार के सागर में डूबा गया।
मरना तो चाहा मैंने
मगर किनारे बिठा गया।

13

जिंदगी की आश में
हो न हो
तुम मेरी अन्तिम तलाश हो।
मिलो तो सही
ना मिलो तो कोई बात नहीं।
मान लूंगा मैं
तकदीर नहीं थी अपनी
मगर प्रयास तो था अपना।
हारा नहीं हूं मैं
लिए फिरता हूं बस तेरा सपना।
आदत सी बन गई है अब
ठोकरों को चूमते रहना।
प्यास की बारी जब आती है
जी भर आंसू पी लेता हूं।
गम की इस दुनिया में
टिमटिमाती आशा की लौ
मन में लिए फिरता हूं।
गिरते उल्कों की लौ में
बस तुझे तलाशता रहता हूं।
मिलो तो सही
ना मिलो तो कोई बात नहीं।
जिंदगी गुजर गई रास्ते नापते नापते
आंखें पथरा गईं भीड़ घुरते घुरते।

खोजता रहा तारों के गर्दिश में भी छाया तेरी
मगर ना रुकी तलाश मेरी।
कब्रिस्तान के मुहाने से
इक दबी सी आवाज आई
कहाँ भटक रहे हो मेरे भाई।
बढ चला पग मेरा यों ही उधर
सिसक रही थी मेरी मंजिल जिधर।

14

अधित्यका पर निस्तब्ध निर्जन वन में
खड़े हैं देवदार हरसिंगार वट पीपल के पेंड
आर्तनाद में डूबा मन लेता है विश्राम
इनकी छांव में ।
मंजरियों में हँसती खुशबू गाती गीत वसंत का
महकते कुसुम प्राग में करती स्नान तितिलियाँ
मतवाले भृंग हैं आतुर रस पीकर जीवन का ।
सिमट रही है यामिनी अपना आँचल
टिमटिमाते तारे छुप रहे हैं विधु के घूँघट में
शीतल समीर के पंखों पर बैठ ओस
विचरते हरे भरे गंदम के मैदानों में ।
अरुणिमा के आँचल में लिपटा सूरज
झांक रहा है धरती माँ के आँगन में ।
गर्मी पाकर ऊपर उठते ओस के कण
बन मेघ फिरते व्योम में ।
डाल डाल पर चहकते पक्षी गाते गीत जीवन का
जी चाहता है शीतल रश्मि पर बैठ
करूँ आलिंगन अपनी प्यारी मृत्यु का ।

15

कुछ पाना है तो कुछ खोना होगा ।
जीवन जीना है तो मरना होगा ।
दुनिया के दस्तूर को अपनाना होगा ।
छोड़ो अब इन बातों को
खेलो सात रंग की होली ।
बाहों में लेलों जिंदगी अपनी सलोनी ।

16

सोचा नहीं था कभी
समय जिंदगी पर भारी होगा ।
सूरत अपनी झूठी होगी
आईना सच्चा होगा ।

17

याद जिनकी सुखी नदी मे बहती क्षिड़ धारा थी ।
क्यों हुआ, कैसे हुआ
आज उसमे बाढ़ आ गई ।

18

चला था दुनिया में अकेला
कारवां तो बहुत मिले
नम निगहें मगर
खोज न सकी हमसफर ।
अंधेरी रात में जब
जुगनू से मैंने पूछा ।
क्यों असफल प्रयास करते हो
व्यर्थ प्रकाश फैलाने को ।
उसने कहा
ढूंढ्ती है नम आंखे जो हमसफर
रास्ता मैं दिखलता हूँ उनको ।

19

करवटें बदलती रहीं
मगर कटी न रात ।
मैं मानुष बेचैन आत्मा
कू कू करती कोयल ।
तू किसे सुनाती अपना राग
इस सरकती दुनियाँ में ।
सफल इंसान है वहीं
ढूंढ लेता है जीवन जो सैकत में ।

20

गाँव के बाहर
सड़क किनारे
था बरगद का एक पेंड ।
झूमता था गरम हवा की झोंकों में ।
इठलाता जब खेलते थे
नंगे बच्चे उसकी छांव में ।
लक्ष्मी की वर्षा होती थी
एक मिश्रा जी के यहाँ
बगल के गाँव में ।
मस्त पागल हाथी
बंधा रहता हथिसार में ।
ले चला महावत हाथी को ।
काट डाला बरगद की टहनियों को ।
चले गए नंगे बच्चे भी जाने कहाँ
झूमता बरगद ठूंठ बनकर
खड़ा है अब वहाँ ।

21

आजाद भारत में
आजाद है भूख ।
गर्भ में पलते बच्चे
भूख मिटाते
माँ का लहू पी पीकर ।
लहू अगर न मिला
मर जाते दुनिया बिन देखे ।
गिद्ध खड़े हैं पास में
जच्चे बच्चे खाने को ।
मानो ये आते हैं दुनियाँ में
उनकी भूख मिटाने को ।
उड़ते हैं गिद्ध आसमां में जब
नासमझ ये देखते उन्हें
ललचाई अपनी आँखों से ।
पता नहीं है इन्हें
गिद्धों की जाती है बड़ी लंबी
पहचानना है उससे भी मुश्किल
पथराई इन आँखों से ।

22

नाक नक्श है सुंदर
लटकते बाल भी हैं बड़े बड़े ।
चौराहे पर भीख मांगती वह
नाम है मगर लखपतिया ।
चेहरे पर है काले धब्बे
दुनियाँ के दिये जख्मों के ।
लटकते बालों में
जू का है बसेरा ।
जाने कब होगा
उसके जीवन में सबेरा ।
सोडसी अभी हुई नहीं
नजरें लगने लगीं मनचलों की ।
चिंता हुई अब
आबरू बचाने की ।
कटी जिंदगी पूरी संघर्ष में
आसमां ने दिया साया अपना
मौत न आई मगर
हिंदवालों की गोद में ।

23

जात पात की सुरीली बंशी
खूब बजती है यहाँ ।
कोई कहता अपने को सूर्यबंशी
तो कोई चंद्रबंशी यदुबंशी ।
समझ न पाया आजतक
क्यों न कहता कोई
अपने को भारतबंशी ।
नेता अभिनेता हो या देवता
यहाँ सबकी है अपनी अपनी बंशी ।
जो जितना कर सकता है अत्याचार
लूट सकता है निपट जनता को
है यहाँ सबसे बड़ा बंशी वही ।
इस बंश बंश के चक्कर में
देवता बंटे देश बंटा ।
जाये कहाँ क्लूया अब
जो कहता है अपने को भारतबंशी ।
दुखना है उसका जवां बेटा
खडा है कान में उंगली डाल ।
हाथ जोड़
विनती करता कृष्ण से
बंद कीजिये प्रभु अब इस बंशी को ।
है बचा अगर पुरुषार्थ आप में
उठाइये अपना चक्रसुदर्शन

बचा लीजिये कृपा कर
बंशहीन इस भारतबंशी को ।

24

मानव कहता
कितनी अछी होती ये दुनिया
अगर मछड़ न होता ।
मछड़ कहता
होती दुनिया कितनी अछी
अगर मानव न होता ।
है कितना गूढ़ रहस्य यह
दोनों की है राशि एक ।
शायद मंजिल भी एक ।
मछड़ से मानव परेशान
मानव से मछड़ परेशान ।
दुनिया है मगर
इन दोनों से परेशान ।
जंगल जानवर का होता रिश्ता
धरती माँ भी है इन्हीं की
सब घिरे हैं संकट मे आज ।
बंधक बनी धरती माँ अब
मंगल ग्रही मानव की ।
है मानव कपटी कितना
धरती से इसका कोई रिस्ता नहीं ।
कहता है माता इसको
मगर है बलात्कारी से कम नहीं ।
धन दौलत और आबरू लूट

चला चाँद की ओर ।
समझेगी दुनिया जब तक
चल जाएगा क्षितिज पार
इस छोर से उस छोर ।

25

भारत कोई देश नहीं
यह है संस्कृति का नाम ।
खुशबू है इसकी मिट्टी में
खिलते फूल अनेक यहाँ ।
हर फूल की है अलग पहचान
सुगंध है अपनी अपनी ।
बुद्ध है नानक और तीर्थंकर
ईशा मूसा पैगंबर भी ।
मनु के आने से पहले
स्वतंत्र थी इसकी पहचान ।
मुसकाती सागर की लहरें
नित नए विचारों को देती ।
कल कल करती गंगा यमुना
अर्पित करती रिचाओं को ।
सो रही थी जब सारी दुनियाँ
पनप रही थी मोहन जोदड़ों की सभ्यता ।
ज्ञान विज्ञान का नाम नहीं था
सृष्टि थी अबूझ पहेली ।
परत दर परत खोलता उपनिषद को
दी हमने अपनी हथेली ।

26

भोली जनता भली जनता
आँसू पीती गम पीती ।
भूखा पेट तन सूखा
अन्नपूर्णा कहलाती है ।
नदियां सूखी नाले सूखे
तप्ति धरती प्यासा मन ।
कर्मवीर होकर भी
कर्महीन कहलाती है ।
खेतों में लहलहाते पौधे
खेलते हवा की झोकों में ।
खड़ा हो मेड़ पर किसान
मंद मंद मुस्काता है ।
भूख मिटेगी प्यास मिटेगी
सोच सोच इठलाता है ।
क्या पता उसको
यह देश है दरिंदों का ।
बांटते भूख और बेबसी जो
मंदिरों में सोता भगवान
पूजारी बन बैठा है अब
दरिंदों का भगवान जो ।

27

मंदिर,मस्जिद और गिरिजाघर।
करते विस्राम ईश,रब,ईशा।
कहो,किसने जाना,है किसका यह नील निलय।
नंगी क्षीण काया भीख माँगती बाहर।
शीश झुकाए शेष सफेद ,माँगते जाजा अन्दर।
है कितना यह गुढ़ रहस्य,

भिक्षुक हैं सब यहां,एक करता दुसरे पर राज,
ईश और ईशा हँसते वहाँ।
सोता है जहाँ ईश्वर महलों में,

भटकती हैं संतानें अम्बर के नीचे।
वह ईश्वर, ईश्वर नहीं,भ्रम है हमारा,

रहते हम पागल बन अभिकल्पित लोक मे।
मानव मानव को मारता,

बन मानव बम,उड़ते चीथड़े, चिखते चिल्लाते लोग,
हँसता रब,रोता ईश।
है अगर सच यह,पूज्य है शैतान वह।
हँसता है बिछी लाशों में,

भ्रमाता नहीं मन मन्दिर औ मस्जिद में रह।

28

है यह अवनी कितना सुन्दर,
शायद ऐसा दूजा ग्रह नहीं,
ओढ़ती ओढ़नी हरियाली की,
माथे पर रहता हिमशिखर,
वक्षस्थल से बहता पीयूष सलिल,
धोतीं पद लहरें अधीर।

29

नारी हो,करते लोग नमन तुम्हारी,
स्त्रधा हो,प्रकृति का अनुपम उपहार,
सृष्टि खेलती गोद में तुम्हारी,
पौरुष खोजता पलकों की छांव,हाय!
फिर भी जीना चाहती लता बन,
है घोर यह शक्ति का अपमान।
बेजोड़ है बुद्धिमता तुम्हारी,सहन अपरम्पार,
कोमलता में बसता पौरुष का पौरुष,
करती जब शस्त्रास्त्रों का संधान।

30

हो चला था रवि
अस्ताचलगामी
भटक रहे थे
अम्बर में आवारा बादल ।
छुप गई क्षणभर में सलोनी किरणें
स्रांत हुए वृंत पर डोलते फूल ।
झांकने लगीं किरणें फिर जलद पटल से
फैल गई स्निग्ध मुस्कान शांत विपिन में ।
नीचे थी अवनी ओढ़ी
हरी चादर
अंबर में तीर रहा था
रुधिर रंग ।
फैलाती शाम जब तक
काली आंचल
उड़ चले थे पक्षी
लाल क्षितिज से
जा रहे थे जानें कहाँ
अर्द्ध वृंत में।
जीव जीव से टकराता
घेरना चाहता आसमान
दम्भ भरती अट्टालिकाएं
काश! झाँकती कभी
बेघर बेबस आँखों में ।

बंदनीय हैं अवनी ओ अम्बर
जगह देते जो सभी को
अपने अंक में।

31

दुनियाँ की यही रीति रही
हो न अगर प्रीति कहीं
बैठा दो उसे मन्दिर में
घोषित कर दो एक दिवस
उसके नाम।
उटज मे पड़ी माँ
करती याद बेटे को
जी भर भर देती आशीर्वाद
नम आँखों से जब गिरते आँसू
पोंछती मैले आँचल के कोने से
कटते केक जन्म दिवस से लेकर मैरेज दिवस तक
चलती पार्टी अर्गर बर्गर की हर शाम।
है समय किसको इतना
करे याद माँ को रोज बिना काम।
दुनियाँ का है यह कितना बड़ा कराल
सरिता का पानी पीते लोग
अंजली भर भर
ढूढ़ते नहीं मगर उसका स्रोत
हो जाती है विलुप्त जब
जपते हैं बड़ी स्रधा से नाम।
सोने के पहले दर्पण देखो

हर रात बुढ़ापा आता है
उजियारे का क्या भरोसा
जलद पटल मे जो खो जाता है ।

32

खुशनसीब हैं ओ
जिंदगी जिनकी
शुरु होती है
हसीं याद से ।
खत्म भी होती है
हसीं याद में ।

33

ऊषा की रक्तिम किरणें
क्रीड़ा करती पर्णकुटी पर
मूँद रहीं थीं तंद्रील पलकें
जग रहा था निर्भीक यौवन।
झाँक रही थी आभा
जलद सी लट्टाओं में
पैबन्द पर पैबंद वसन भी खिल रहा था
जैसे कहीं हमसे दूर उपवन।
सुन्दरता होती नहीं मुँहताज महलों की
हँसते हैं विरल फूल हमसे ओझल झंखड़ मे
चून चून प्रकृति रखती हिरे
जौहरी से दूर गुदड़ी में।

34

समय बस एक धारा है
बहते चला जाना है
याद ना करना यारो
बीती बातों को
वर्ना सिर्फ पछताना है।
उम्र थी जब छोटी
जवानी अच्छी लगती थी
जवानी आई जब
लेकर आई साथ
धुप छाँव भी।
संघर्ष और संघर्ष
कोई करता प्रेम पाने को
कोई प्रेम निभाने को।
जुटती नहीं जब दो जुन की रोटी
बहते मासूम बच्चों के आँसू भी
कराहता दिल
फटी आँखें देखतीं अब
परवरदिगार को।
खोजता मन अब एकांत
दुनिया से दूर
जहाँ हो न कोई बन्धन
दिखे सिर्फ उन्मुक्त गगन
उन्मुक्त गगन।

35

तंत्र मंत्र का तंत्र है यह
कहते हैं प्रजातंत्र इसे
सिर औ सिंगों की गिनती होती है यहाँ
गुणधर्म की होती नहीं कोई पहचान।
बापू और आशाराम बापू का देश है यह
बालाओं से करते बूढ़े
बड़े प्रेम यहाँ
गाली देते हैं अंग्रेजों को
कहते हैं जीभर भ्रष्ट उन्हें।
आती है जब अपनी पाली
करते हैं क्रूर मजाक

बालाओं के कंधे पर पर रखकर हाथ
चलते हैं ठुमुक ठुमुक
करते हैं नकल कृष्ण की
पीछे से होती है जयकार हिन्दू धर्म की।
कहते हैं हिन्दू कोई धर्म नहीं
हिन्दुस्तान कोई देश नहीं
ताकत और अइय्यासी जब आ जाए पास में
स्वागत है आपका
आप बस जाएँ यहीं।
किसी ने लूटी आबरू शाहंशाह बनकर

किसी ने पुराण गढ़कर
बचा खुचा था जो कुछ
लूट लिया लोगों ने बापू बनकर।

36

जिंदगी देनेवाले ने जिंदगी तो दी
साथ में दी अमीरी और गरीबी भी
अमीरी को वरदान बताया
गरीबी को महापाप
अमीरी की हिंसा खोलती स्वर्ग का द्वार
गरीबी सर्वस्व लुटाकर भी पायेगी नरक कराल
गरीबी की अनन्त चक्की में पिसते रहे गरीब
थरथराती चीख जब बाहर निकलती
खो जाती कहीं अमीरी के अट्टहास में।
रजनी आती काल बन
पेट बाँध कराहते लोग
निशक्त शरीर सूखी झील सी आँखें
मूँद जाती हैं अनायास
काल रात्रि के चौथे पहर मे।
खुलते अब मन्दिर
मस्जिद और गिरिजाघर के द्वार
जोर जोर से शुरू होता स्तुति गान
विचरते देवों का आता आशिर्वचन
अमीरो बनो और अमीर
फलने फूलने दो गरीबी
करो गरीबों का समूल विनाश।

37

मन मेरा थका थका सा है।
चाहा आंसुओं से निकल जाए गम मेरा।
मगर दिल बैठा बैठा मिला मेरा।
धरा हरा देखता हूं
आसमां जब झांकता हूं ।
जी रो रोकर भी जीना चाहता है।
लोगों की बेबफाई
स्याह रात में जब रुलाती है,
जुगनू सहारा बन रास्ता दिखाता है।
कैसी हो तुम धरती माता
क्यों की पैदा इन्सान को।
नरक बनाया जहां
असीम आसमां में खोजता जन्नत को।

38

दीनता हीनता की हवा है
बह चली जिधर भी
सपना टुटता चला जाता है।
हरी भरी धरती है
ऊपर आसमां नीला।
डाल डाल पर चहकती चिड़िया
मुस्कुराती फूलों की क्यारियां।
सींचता है जो माली इन्हें
पा न सका होठों पर हंसी कभी
बच्चों को दे न सका तालिम सही।
होते गये सब बेगाने
छोड़ चली आंखों की रोशनी
डगमगाते पैर अब जाने अनजाने।
आई जब मौत की बेला
दो गज कफन भी
दे न सका दुनिया का यह मेला।

39

दिल कुछ कहता है
हम हैं कि
सुनते नहीं।
दुनिया का भरोसा
जिस पर होता है
दिमाग है वह
जो पागल होता है।
दुनिया दिल से बनी है यारो
दिल से देखो इसे
दिमाग से नहीं।
देखा गर दिमाग से
रंग उड़ जाएगा
दिल दहल जाएगा
तू पागल बन जाएगा।
दिल गर होगा पागल तेरा
मजनू कहलाएगा
दुनिया का पत्थर भी मिला तो
लैला का आंचल मिल जाएगा।
पागल दिमाग
खोजता है मधुशाला
टुटते हैं प्याले

रोता है दिल यहाँ
पीकर हाला भी
मिलता है चैन कहाँ।

40

चौराहे पर खड़ा हूं
सोचता हूं जाऊं किस राह ।
पथ अजनबी
पथिक अजनबी
बताऊं कैसे अपना हाल।
दौड़ती हैं सड़कें
दौड़ते हैं लोग
पूछना चाहता हूं कुछ
बिन बताए बढ़ जाते हैं लोग।
चल पड़ता हूं सोच यह
राह पकड़ एक चला चल
मिल जाएगा चंचल मन को
चैन कहीं।
आगे बढ़ता हूं
फिर पीछे मुड़ देखता हूं
दुनिया की है भीड़ बहुत बड़ी
इस कोलाहल में सब हैं खड़े अकेले।
गम के सागर में सब डूबे मिले।

41

जिन्दगी की राह में
हम मिले
तुम मिले
बिछुड़े भी कुछ कम नहीं।
कभी रोए
कभी हंसे
आंसुओं में डुबकर भी
कुछ भूले नहीं।
दिल धड़कता है जब
तेरी याद में
भूलना चाहता हूं मैं
तुझे आधी रात में।
याद भी नशा है
बताया नहीं किसी ने
तड़पता है दिल अब
इसी के आगोश में।
भूलना चाहता हूं जब
धड़कन बढ़ जाती है
बता अब साकी मुझे
जाऊं किस मधुशाला में।
पीऊं कौनसा हाला
मरने के पहले थोड़ा
हंस लूं इस दुनिया में।

42

लोग मिले
बाग मिले।
धरती और आसमां भी मिले।
निशीथ आया और चला गया।
मिला नहीं मगर वह तारा।
जिन्दगी का था जो सहारा।
टूटते तारों को देखना
दुनिया मना करती है
मैं खड़ा हूँ आगोश में लेने को।
सोचकर यह कि
कहीं तो मेरी बिखरी जिन्दगी नहीं है।
देखता रहा आसमां
भींगी पलकों से।
खोजता रहा आसरा
सूखे हलक़ों से।
डूब गए तारे सब
छोड़ चले अपनी साया।
हलाहल पीना चाहा जब
फूट गया मौत का प्याला।

43

चली थी बूंद बादल से
पपीहा की प्यास बुझाने
गिरना था उसकी चोंच में
गिर पड़ी समन्दर में।
चाहती फिर बादल से मिलना
लहरों में सपना खोई जाती है।
फिर बूंद बनने की चाहत में
तप्त किरणों से खेलती जाती है।
बादल से मिलने के पहले
पपीहा जीवन छोड़ चला।
किरणों से लिपटी बूंद
बन चली तप्त आंसू अब
बादल से फिर क्यों मिले भला।

44

रूठी जिंदगी
मन सुना सुना ।
फुफकारतीं ये सर्पीली सड़कें
यात्रा अनंत है
साया का भी साथ नहीं।
सूखी झील सी आँखें
पर कटा पक्षी तड़पता
सा दिल
कठिन है सफर
आंसू भी अब अपना नहीं।
ऐ जिंदगी देनेवाले
क्या सोचकर दी तूने
हँसी तो मयस्सर न हुई
आँसू भी छीन लिया तूने।
मरना तो बहुत चाहता हूँ
मौत हर बार मना करती है
टूटते तारे
मरते है
अंजलीभर अंजोर देकर ।
देखता हूँ जब
कहते हैं
हँसी अपनी है
मरो तो होंठो पर लेकर ।

45

है यह अजीब सी दुनिया
लोग जिसे प्यार करते हैं
वह भी खड़ा अकेला
अपने को पाता है।
उसे क्या जिसे दुनिया
छोड़ चली है।
कौन है यहां किसका
कहना बड़ा है मुश्किल।
देखो मत दुनिया को
तभी तक सुन्दर है।
बस बढ़ते जाओ
अंधेरे के बाद ऊजाला है।
जाड़े के बाद बसंत आनेवाला है।

46

दिल चला
मन चला
रिश्ता बना।
दिमाग जब चला
टुटकर रिश्ता
काँच की तरह
बिखर गया।
इन्सान तो हम हैं जरूर
इन्सानियत से बड़ी दूर।
डूबा दिन का आफताब अब
सितारे सितम में जाएंगे
मिटेगा गरूर हमारा
रोएगा आसमां जब।
कांपती रूह का कत्ल क्यों करते हो
रब का पता नहीं
क्यों सच मान बैठे हो?
पूजो उस अवनी आसमां को
जहाँ तुम रहते हो।

47

धन्य हो शाहिन बाग
अब तो हिन्दू जाग जाग
पता चला सत्तर साल बाद
गांधी एक विचारधारा था
उपर से दिखता फकीर था
अन्दर से देश का बंटवारा था।
ईशा के पहले हिन्दुस्थान था
गद्दारों का फिर इल्लाहिस्तान था
टोपी पहना शैतान जब
देश बना ईंग्लिस्तान अब।
गांधी जुबां है गद्दारों का
फलसफा है कन्हैया कुमारों का।
हिन्दुस्तां में दफन था शैतान ओ
फिर निकला कब्र से ओ ।
कहां हो गोडसे देश के लाल
कहां खोई हो खप्पर वाली माँ
करो फिर हिन्दुस्तां का उद्धार।
धन्य हो शाहिन बाग
अब तो हिन्दू जाग जाग।

48

ऐ दिल्ली वालों
सुना है बड़े दिलवाले हो
इन्द्रप्रस्थ के प्राचीर से
सूर्योदय के रखवाले हो।
लेट रहा था कालिया नाग यमुना में
मर्दन किया उसका कृष्ण कन्हैया ने।
बहता रहा अविरल
कल कल करता अमृत जल।
छोड़ा तुमने साथ राणासंगा का
दिया साथ लुटेरा बाबर का
हुआ चिरहरण यमुना मैया का
दबा ताज के नीचे स्त्रोत अमृत का।
चाहते हो उसे अब शुद्ध करना
मगर कचड़ीवाल के कचड़े से
शाहीनबाग के जलवे से।
सोच लो अभी समय है
पूछ लो जरा कश्मीरी पंडितों से।
अपनी ताकत को पहचानो
करो भरोसा अपनों पर
फेंको मुफ्तखोरी का बिजली पानी
मारो चाँटा कचड़ी के गाल पर।
आठ फरवरी तारीख होगा दिल्ली का

बटन दबाओ जोर से संस्कृति का।
गले मिलो उन हिन्दू अभागों से
बचा न सके जो आबरू अपनी बहनों का।

49

देखा है हमने
भूमंडल पर एक देश
जहाँ हर माल बिकाऊँ है।
बच्चे बिके
भाई बिके
और बिकी घर की लाज
अपनों के लिये अफसोस नहीं
दुसरों पर है बड़ा नाज।
देश बिके
धर्म बिके
कोई बात नहीं
मुफ्त का कटोरा छीने
ये तो बर्दाश्त नहीं।
धरा है यह
नस्लें वहीं धरी रहीं
होने का था जिसमें गर्व
उसकी क्या जो पली भीख पर
गँवा बैठी है जो रही सही।
भारत हो तुम
भरत के बंशज हो
सिंह की दाँत गिनता था जो
उसकी रगों का संचार हो तुम।
फिर क्या हुआ इस आर्यावर्त को

खो बैठे तुम आर्यत्व
वेदों से दूर हटे
मिटा दिए अपना अस्तित्व।
सिंधु की चंचल लहरें
खोज रही हैं अपनी गरीमा
उसे क्या पता
बिसर चुके हैं हम अपनी महिमा।
सिन्धु हो तुम
हिन्दू हो
हिन्दुस्थां तुम्हारा है
भुजाओं में शक्ति का संचार करो
हर दिक् में सिंहनाद करो
विजयी विश्व तिरंगा हमारा है।

50

आओ बैठो
मिलजुलकर कुछ रो लेते हैं,
दिल्लीवालों की करनी पर
हिन्द के आँसू पोंछ लेते हैं।
सदी बदली
हिन्द बदला
बदली ना ये दिल्ली
उड़ती रही है यहाँ
सदियों से पृथ्वी राज जैसों की खिल्ली।
छाती पर खड़ा कुतुबमीनार
उद्घोघोषित करता सुबह शाम
गुलामों के गुलाम हो तुम
जाकर देखो जरा मीना बाजार।
लालकिले के प्राचीर से
चिल्लाता है मुगल बादशाह
लूट लूटकर तेरी लाज
बनाया है हमने तेरा इतिहास।
गद्दार हम नहीं
पूछो अपने पुरखों से
उड़ाता रहा है जिसने
अपनी मातृभूमि का उपहास।
बिके हो तुम
बिकते रहोगे

यही तुम्हारी फितरत है।
लड़नेवाले चले गये
गद्दारों को गद्दी मिली
यही तो उनकी किस्मत है
किस्मत के मारे हम
आओ बैठो
मिलजुलकर कुछ रो लेते हैं
दिल्लीवालों की करनी पर
हिन्द के आँसू पोंछ लेते हैं।

51

चलता हूँ चलता रहुँगा
मानो न मानो बशर
गाता हूँ गाता रहुँगा।
क्या से क्या तुम हो गये
वजूद अपना भूल गये।
दोष इसमें हिन्द का नहीं
त्वारिख तू अपना भूल गये।
वंशज थे तुम परशुराम के
पीठ पर लदे रहे जिसकी
तूरीण तीर से भरे हुये।
शाप प्लवित कमण्डल शोभित
फड़कता परशु रक्तरंजित
वह परशु तू भूल गये।
कमण्डल ले मुँह मोड़ लिये।
बौद्ध बने जैन बने
माथ मुड़ा चींवर ओढ़ लिये।
कर्मभूमि याद दिलाती गीता को
कंदर में कहीं छोड़ दिये।
अब तो ढूँढ़ो उस कंदर को
भारत मैया मांग रही पुरंदर को।
हो चुका है शंखनाद रणभूमि का

अब भी गर तू लड़े नहीं
क्षमा नहीं करेगा कल तूझे
चाहे तुम मरो कहीं।

52

शैल शिखर पर बैठा मानव
देखता है खेतों में फैली हरियाली ।
खेलती हैं ऊषा की किरणें
छलकती है मकरंद की प्याली ।
शांत उपवन में खिलते हैं
रंग विरंग फूल
आम्र मंजरियों पर गुनगुनाते मधुप
कूकती है कोकिला
चुभते हैं दिल में शूल ।
हो श्रांत मनुज बैठा है छांव में
सहलाती है हवा कोमल हाथों से
खो जाती हैं पलकें गरम चुंबन में ।
उपत्यका में बहती तनुजा
खेलती तरंगों से
गाती गीत निस्सीम समंदर का ।
मीट जाते हैं किनारे सुख दुख के
ठहरा समय हेतु होता है अमरत्व का ।

53

पटना में है एक सगुना गोलंबर
अच्छा है बड़ा है ।
खड़ा है शांति प्रतीक अशोक स्तम्भ
सरकती गाडियाँ जब रुकती हैं वहाँ
आ खड़ी होती है मँगरी बंजारन ।
काली क्षीण काया है उसकी
सूखा है स्तन ।
धूल धक्कड़ खाती लट्टा
बन गई है माथे पर जटा ।
हाथ जब फैलाती है आगे
कभी कभी सिक्के मिल जाते हैं ।
शुक्रिया अदा करती है
अपने मैले आँचल से ।
लगे हैं बगल में वहीं
बड़े बड़े पोस्टर नेताओं के ।
लिखा है हम मसीहा हैं गरीबों के ।
कहाँ है वह दुनियाँ का रखवाला
देखता क्यों नहीं उस अमीरी को
उपजी है जो गरीबी की कब्र पर ।
अट्टाहास करती हैं अट्टालिकाएँ
स्वप्नहिन आँखों से गिरते
मँगरी के आँसू पर ।

54

जिंदगी कितनी निष्ठुर है
कल तक बिन बुलाये
चेहरे पर चमकती थी ।
आज सिंगार कर
मनाने पर भी नहीं आती है ।
बेवफा जिंदगी जवां की होती है
हुस्न सवरने से नहीं आती है
जवां निगाहों में खुद आती है ।
ताउम्र हुस्न की चाहत वालों
याद रखना यह तुम्हारी नहीं
तुम्हारी फितरत पर हँसती
जवानी की है ।

55

जिंदगी है भूलने का नाम
खुशी और गम
है इसके दो किनारे ।
जब विप्लव होता है
कोलाहल करता कौतूहल पैदा
ज़िदगी मौत बन
अनंत अंतस्तल में बहे जाती है ।

56

खुशनशीब हैं ओ जिंदगी जिनकी
शुरू होती है हसीं याद से
खत्म भी होती है हसीं याद में ।

57

कलमुही कोयलिया कूकी
मधुमास में मंजर आए
मस्त हवा की झोंकों में
जाने क्यों जी घबराए ।
नन्हें नन्हें बच्चे हैं
नयनों में सपने लिए
बचपन के आँसू रोते हैं
गोद में मरघट लिए।
माँ के झीनी आँचल में
स्वर्ग ढूँढने चले
साया का भी सुध नहीं
दूध के बदले रुधिर मिले ।
हिन्द में जन्मे हिन्दी रहे
भूखे पेट गम पिये ।
ऐ मातृ भूमि मरते हैं हम
दिल में तेरा नाम लिए।
आखिर क्या हुआ
रोती हो तुम रोते हैं हम
स्वतंत्र गणतन्त्र होकर भी
नंगा बदन सूखा तन
तनय तेरा रहते हैं हम ।
जी चाहता है आग लगा दूँ

गंदम की उस खेती में
मयस्सर न हो रोटी जिसकी
क्षुधाग्नि से इस तड़पन में ।

58

शहर गाँव व कस्बों की गलियों ने
जिसे नकारा है
नेता बन कुछ दिल्ली में जमे
बाकी बालीवूड में रमे हैं।
किस्मत तो देखो इनकी
जे एन यू ए एम यू में बैठे
बुद्धिजीवी दाढ़ी में डाले उंगली
पीछे पीछे चलते हैं ।
कोई देता भारत माँ को गाली
कोई पोतता मूर्ति पर कालिख
जग जाएगी जनता जिस दिन
मीट जाएगी सारी बदबू
खुल जाएगी सदियों से जमी नाली।
बॉलीवुड नहीं रहा अब यह
भास्करा भस्मासुरों ने
बना दिया इसे फ़ौलीवूड ।
बंद करो अब इनकी बातें
करो देश के खातिर कुछ तो गुड।

59

रजनी की काली चादर ओढ़
करती है दुनिया विश्राम
विधु के शीतल प्रकाश में
छलकाती है रात रानी
अपने होंठों से जाम।
टिमटिमाते नीले तारे
खींचते हैं मन को अनायास
प्रकृति के सुंदर आँगन में
बुझती नहीं कभी
जीने की प्यास।
आसमान को छूते पेंड
खड़े हैं किनारे पोखर के
छन कर प्रकाश जब पड़ता तल पर
शांत जल में बनती छाया
देती दर्शन जीवन और मृत्यु के ।

60

निरभ्र आसमां सो रहा था
विधु अपने शीतल प्रकाश से
अवनि का आँचल भिंगो रहा था।
पौ फटने से पहले पूर्ब क्षितिज पर
लाल वसन लहरा रहा था ।
शनै शनै पलकें खोलता सलोना सूरज
अंतहीन अन्तरिक्ष से झांक रहा था ।
सप्त स्यंदन पर चढ़ किरणें
कूप कुंझटिका में कूद रही थीं ।
विहंगों की वर्तुल टोलियाँ
असीम गगन में थिरक रही थीं ।
शीतल समीर में डोलते किसलय
केसरिया किरणों के आलिंगन में
खोज रहे थे अपना नव निलय ।
मन करता है पखेरू पंख पर बैठ
उड़ चलूँ नखत में मिले जहां विलय ।
दहकना है स्रोत जीवन का
मरना है विश्राम सृष्टि का ।
जीने मरने के अजेय संघर्ष में
निहित है अर्थ जीवन और मरण का ।